BEI GRIN MACHT SICH IHR WISSEN BEZAHLT

- Wir veröffentlichen Ihre Hausarbeit,
  Bachelor- und Masterarbeit

- Ihr eigenes eBook und Buch -
  weltweit in allen wichtigen Shops

- Verdienen Sie an jedem Verkauf

Jetzt bei www.GRIN.com hochladen
und kostenlos publizieren

Bibliografische Information der Deutschen Nationalbibliothek:

Die Deutsche Bibliothek verzeichnet diese Publikation in der Deutschen National-
bibliografie; detaillierte bibliografische Daten sind im Internet über http://dnb.d-
nb.de/ abrufbar.

Impressum:

Copyright © 2006 GRIN Verlag, Open Publishing GmbH
Druck und Bindung: Books on Demand GmbH, Norderstedt Germany
ISBN: 978-3-668-10465-5

Dieses Buch bei GRIN:

http://www.grin.com/de/e-book/133477/der-treibhauseffekt-was-verursacht-ihn-
und-wie-kann-er-verhindert-werden

Simon Hemstreit

Der Treibhauseffekt. Was verursacht ihn und wie kann er verhindert werden?

GRIN Verlag

GRIN - Your knowledge has value

Der GRIN Verlag publiziert seit 1998 wissenschaftliche Arbeiten von Studenten, Hochschullehrern und anderen Akademikern als eBook und gedrucktes Buch. Die Verlagswebsite www.grin.com ist die ideale Plattform zur Veröffentlichung von Hausarbeiten, Abschlussarbeiten, wissenschaftlichen Aufsätzen, Dissertationen und Fachbüchern.

Besuchen Sie uns im Internet:

http://www.grin.com/

http://www.facebook.com/grincom

http://www.twitter.com/grin_com

TECHNISCHER BERICHT

Der Treibhauseffekt

Verursacher und Verhinderungsmöglichkeiten

ausgeführt am 31.10.2006

Fachhochschul-Studiengang
Technisches Projekt- und Prozessmanagement

durch

Simon Hemstreit

KURZFASSUNG

In dieser Arbeit wird das Thema Treibhauseffekt, in Bezug auf Verursachung und Verhinderung behandelt. Die Hauptfragen die geklärt werden sollen, sind wo für einen eventuellen Lösungsansatz der Problemstellung der globalen Erwärmung der optimale Angriffspunkt liegt und welche Lösungsansätze zur Verhinderung der globalen Erwärmung existieren.

Durch die Nachwirkungen des Ausstoßes von Treibhausgasen, entstehen bedeutende klimatische Veränderungen in unserer Atmosphäre, die unser aller Leben beeinflussen und für immer außergewöhnlichere Umweltreaktionen sorgen. In der heutigen Zeit wird es daher immer wichtiger, die bisher vernachlässigten Umweltaspekte in jeden Bereich unseres Lebens und unserer Gesellschaft einzubringen um den natürlichen Kreislauf unseres Umweltsystems wiederherstellen zu können.

Derzeit gibt es verschiedene regionale und globale Ansätze zur Lösung bzw. Herabsetzung der negativen Einflüsse des Treibhauseffekts, die in diesem Bericht beschrieben werden.

ABSTRACT

This document deals with the questions of the causes of the greenhouse effect and the systems and possibilities to solve or decrease the effects of global warming.

Changes in worldwide temperature-averages are less interesting for most of the people worldwide, however, than effects are shifting into regional and local climate. In the 20th century the burning of fossil fuels like coal and oil has increased the concentration of several gases, which influences the world's climate. Globally, as the concentration of atmospheric gases rise, temperatures will increase and other climate characteristics will change as well. Local Conditions in temperature may differ from global averages, levels of rain- and snowfall, numbers and strengths of major storms. Conditions like these profoundly influence the quality of our lives, and they certainly affect important public basic support like agriculture and economy.

Now, there are several regional, but also global solutions for reducing effects on global temperature and climate. Different kinds of solution will also be described in this document.

INHALTSVERZEICHNIS

1. EINLEITUNG

Im folgenden Kapitel wird die Problemstellung zum Arbeitsthema Treibhauseffekt und auf die Motivation für das Thema eingegangen. Es soll dazu dienen einen allgemeinen Überblick über die Materie zu vermitteln.

1.1 Problemstellung

Seit Anbeginn der Industriellen Revolution im neunzehnten Jahrhundert stieg der, durch den Menschen verursachte Ausstoß von Treibhausgasen in die Erdatmosphäre rapide an. Schon zur Jahrhundertwende beschäftigte sich die Wissenschaft mit den Wechselwirkungen der Kohlenstoffdioxidemissionen zwischen Industrie, Natur und Gesellschaft. Die damaligen Ergebnisse der Untersuchungen führten zur Erkenntnis, dass durch die Erzeugung von Kohlendioxid zwei Reaktionen in unserer Erdatmosphäre auftreten. Zum einen erhöht sich die Kohlendioxidkonzentration in der Gashülle des Globus, da die Pflanzen, die Kohlendioxid durch Photosynthese zu Sauerstoff umwandeln, die Verarbeitung des Abgasüberschusses nicht bewältigen können. Zum anderen war schon damals bekannt, dass Kohlendioxid die Fähigkeit besitzt Wärmestrahlung zu absorbieren, wodurch bei erhöhter Mischung der Atmosphäre mit Emissionsgasen eine Erhöhung der gemittelten Erdtemperatur bewirkt wird (vgl. [Lat03]).

Die damaligen Berechnungen für die Erhöhung der Erdmitteltemperatur wurden jedoch als irrelevant verworfen, da die damals emittierte Menge an Treibhausgasen nur einen Bruchteil der heutigen Menge (Bezugsjahr 2005) ausmachte und dadurch in der Berechnung der Änderung der globalen Temperatur marginale Ergebnisse zeigte. Der nach dieser Zeit folgende Produktionsanstieg von Treibhausgasen war aus damaliger Sicht nicht vorhersehbar bzw. erschien nicht als plausibel. Bedingt durch die industrielle Entwicklung im zwanzigsten Jahrhundert und des immer höher werdenden Energiebedarf der Menschheit, stiegen jedoch der Verbrauch an fossilen Brennstoffen und Kohle in einer Exponentialfunktion und somit auch die Treibhausgas-Konzentration der Atmosphäre an.

Durch die Zunahme der Treibhausgase sind im Laufe der letzten Jahrzehnte viele Nachwirkungen bekannt geworden, die einen negativen Einfluss auf das regionale und globale Klima der Erde aufweisen. In diesem Bericht werden bis dato wissenschaftlich reproduzierbare Prozesse, von anthropogen erzeugten Gasen mit der Atmosphäre der Erde beschrieben. Diese physikalischen Vorgänge gelten als Hauptverursacher des so genannten Treibhauseffekts.

Um Rückschlüsse auf Wandlungen des Weltklimas nachvollziehen zu können, kann ausschließlich konkret mit meteorologischen Messdaten gearbeitet werden. Aufzeichnungen dieser Art reichen in etwa zweihundert Jahre zurück. Kritiker behaupten, dass der Treibhauseffekt mit einem natürlichen Verlauf des Erdklimas verwechselt wird, da es immer wieder zu Schwankungen der Erdmitteltemperatur in der Geschichte der Erde kam. Tatsächlich bestanden in der Vergangenheit so genannte Warm- und Eiszeiten, die durch Bohrungen in den arktischen Eisschichten, bis zu mehreren Hunderttausend Jahren vor unserer Zeit, nachgewiesen wurden.

In den letzten zwanzig Jahren (vom Jahr 1985 bis 2005) wurde jedoch, unwiderlegbar durch die konkreten meteorologischen Daten der letzten zwei Jahrhunderte, eine Ansammlung an

Wetterextremen (wie z.B. in Mitteleuropa neun der zehn schwersten Hochwasser) registriert. Flutwellen, Tornados, Erdbeben, die Erhöhung des Meeresspiegels und dergleichen sind Auswirkungen in vor genanntem Zeitraum konzentriert erschienen. Es stellt sich die Frage ob die globale Erwärmung durch die Steigerung an Emissionen in Zusammenhang mit der Konzentration dieser Ereignisse steht.

Die Probleme die durch den Treibhauseffekt erzeugt werden, offenbaren sich in vielen Gebieten der Gesellschaft. Auswirkungen zeigen sich unmittelbar in unserem alltäglichen Leben durch Intensivierung der Sonneneinstrahlung, Temperatur, Witterung und Schadstoffkonzentrationen unserer Umwelt und führen auch zu negativen wirtschaftlichen Auswirkungen auf die Gesellschaft (siehe 3.2).

Durch diverse Schritte zur Reduktion der weltweiten Emissionswerte, wie z.b. durch das Kyoto - Protokoll (siehe 2.3.4), gibt es Versuche den so genannten Klimawechsel unter Kontrolle zu bringen. Da jedoch manche Länder aufgrund des erhöhten Energiebedarfs diese Maßnahmen nicht unterstützen, bzw. diese Abkommen nicht erfüllen können, müssen andere Wege zur Gewinnung von Energie zum gesellschaftlichen und wirtschaftlichen Gebrauch zugänglich gemacht werden. Eine Nutzung von alternativen Energiequellen zu fossilen Brennstoffen, ist eine Notwendigkeit, um ein Kippen des Naturkreislaufs verhindern, respektive verlangsamen zu können.

1.2 Motivation

Das Verständnis über die Ursachen ist die Voraussetzung zur Lösung von Problemen, daher ist es wichtig die Grundlagen der Problematik der Umwelttechnik zu kennen. Durch den fortlaufend wachsenden Energiebedarf kommt der natürliche Kreislauf der Erde mit dem menschlichen Konsum an Energiegütern nicht zurecht, es entsteht ein Ungleichgewicht. Eine der wichtigsten Problemstellungen ist hierbei der Treibhauseffekt. Durch den Einfluss des Menschen wurden somit massive Modifikationen im Ökosystem unserer Erde bewirkt. Die bereits bestehenden Änderungen, wobei diese sich bei subjektiver Überlegung relativ gering erscheinen (z.B. Erdmitteltemperaturerhöhung um ca. 0,6 Grad Celsius), bewirken jedoch schon markante Veränderungen in unserem unmittelbaren Umfeld.

Im Bereich der Umwelttechnik konzentriert sich die Frage nach Energiequellen, die ökologisch und ökonomisch brauchbar sind um dieser Tendenz entgegenwirken zu können. Bei einem Umdenken in der Energiepolitik von konventionellen zu alternativen Formen der Energieerzeugung ist es wichtig, die Hebelwirkung der Ursache zu nutzen. Das heißt, wo die meisten Ursachen für die Resultate des Treibhauseffekts auftreten, ist es am effektivsten mit Lösungen anzusetzen um eine rasche Kehrtwendung der gegenwärtigen Situation herbeiführen zu können.

1.3 aktuelle Situation

Seit Anbeginn des zwanzigsten Jahrhunderts zählen die fossilen Brennstoffe zu den überwiegend genutzten Energiereserven der Erde. Die mit der Verbrennung dieser Stoffe verbundene Freisetzung von CO_2 sowie anderen klimarelevanten Gasen ist mit Zunahme des Energiebedarfs der Menschen angewachsen.

Zur Überwachung und Beobachtung der klimatischen Änderungen wurde im Jahr 1988 eine überstaatliche Vereinigung namens IPCC von der Institution UNEP und der WMO, beides Spezialorganisationen innerhalb der UN, gegründet. Die IPCC besteht aus internationalen Arbeitsgruppen, die die Aufgabe haben die Klimaänderungen zu überwachen und diese zu protokollieren. Aufgrund der Daten der meteorologischen Wetterstationen der IPCC bzw. NASA lässt sich ein Wert von ca. +0,6 Grad global gemittelter Anomalie der Oberflächentemperatur der Erde feststellen, welche im direkten Zusammenhang zur anthropogenen Treibhausgasemission steht (vgl. [IPCC06]).

Weiters stellte die IPCC, wie in Abbildung 1-1gezeigt, einen sprunghaften Anstieg der Erdoberflächentemperatur in den letzten hundert Jahren fest. Die Abbildung 1-1 besteht aus zwei Grafiken, die mit a) und b) bezeichnet sind.

Beide Grafiken stellen die gemittelte Anomalie der Oberflächentemperatur der Erde in °C (Grad Celsius) dar. Die Grafik a) zeigt die Abweichung zur globalen gemittelten Erdoberflächentemperatur über den Zeitraum von 1860 bis 2001. In der Grafik sind die einzelnen Temperaturwerte, durch Thermometer erfasst, mit vertikalen Balken gekennzeichnet. Die roten Balken zeigen die jährlichen Temperaturmessungen. Die unterbrochen gezeichneten vertikalen Balken stehen für ein schlechteres 95%-Konfidenzintervall der aufgezeichneten Daten aufgrund von Lücken in den Messreihen. Die Schwarze Kurve kennzeichnet die Berechnung der Temperaturabweichung je Jahrzehnt zur Vermeidung von Verfälschungen der Darstellung durch Ausreißer der Temperaturwerte.

Die Grafik b) zeigt die Abweichung zur gemittelten Erdoberflächentemperatur der nördlichen Hemisphäre vom Jahr 1000 bis 2001. In der Grafik sind die einzelnen Temperaturwerte, durch Thermometer und durch rekonstruierte Proxidaten (siehe Grafik unten rechts) erfasst, mit senkrechten Balken gekennzeichnet. Die roten Balken zeigen die jährlichen Temperaturmessungen, die blauen Balken zeigen die Proxidaten. Die Schwarze Kurve charakterisiert die Berechnung der Temperaturabweichung gemittelt für Zeiträume über je 50 Jahre zur Verhinderungen der Verzerrung der Darstellung durch Ausreißer der Temperaturwerte.

Als Ergebnis sieht man einen auffälligen Anstieg der mittleren Erdmitteltemperatur in den angegebenen Zeiträumen um 0,6 ± 0,2°C.

Schwankungen der Erdoberflächentemperatur für:

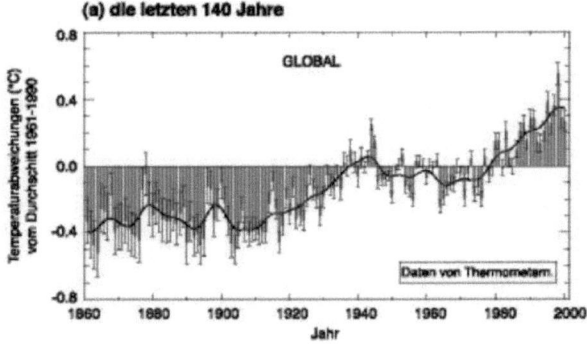

(a) die letzten 140 Jahre

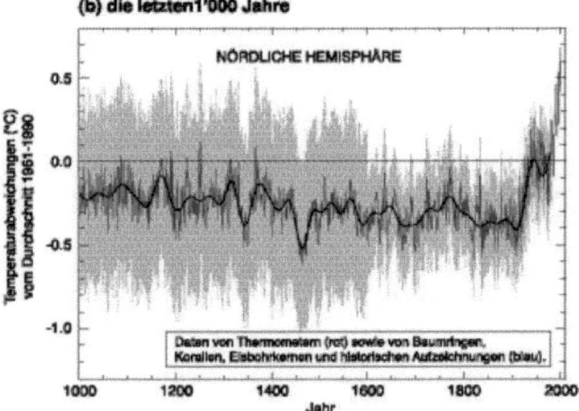

(b) die letzten 1'000 Jahre

Abbildung 1-1: Schwankungen der Erdoberflächentemperatur (vgl. [Ipc01-01])

Um den Zusammenhang zwischen Erhöhung der Erdoberflächentemperatur und dem anthropologischen Emissionsausstoß erkenntlich zu gestalten ist in der Abbildung 1-2 der Anstieg der produzierten Treibhausgase ersichtlich.

In der Abbildung 1-2 sind drei Diagramme enthalten. In jedem Diagramm ist die atmosphärische Konzentration der einzeln abgebildeten, gut gemischten Gase auf der rechten vertikalen Achse in der Maßeinheit ppm und ppb aufgetragen. Die waagerechte Achse beschreibt den Zeitfortschritt von dem Jahr 1000 n.Chr. bis heute. Auf der linken vertikalen Achse ist der Strahlungsantrieb[1] in W/m² (Watt pro Quadratmeter) skaliert.

Die Grafiken zeigen, dass die Zunahmen bei der Erzeugung von treibhausfördernden Gase seit Beginn des neunzehnten Jahrhunderts exponentiell erfolgen. Der Strahlungsantrieb sowie die Temperaturabweichung zur mittleren Erdoberflächentemperatur stehen somit im direkten Zusammenhang.

---

[1] Der Strahlungsantrieb ist ein Faktor für den Einfluss auf das Gleichgewicht eines Systems (Atmosphäre-Erde) in das Energie Ein- und Abfließt. Der Strahlungsantrieb ist ein wichtiger Index für den Einfluss von Treibhausgasen auf die Klimaänderung.

Indikatoren für den menschlichen Einfluss auf die Atmosphäre im Industriezeitalter

(a) Globale atmosphärische Konzentrationen von drei gut gemischten Treibhausgasen

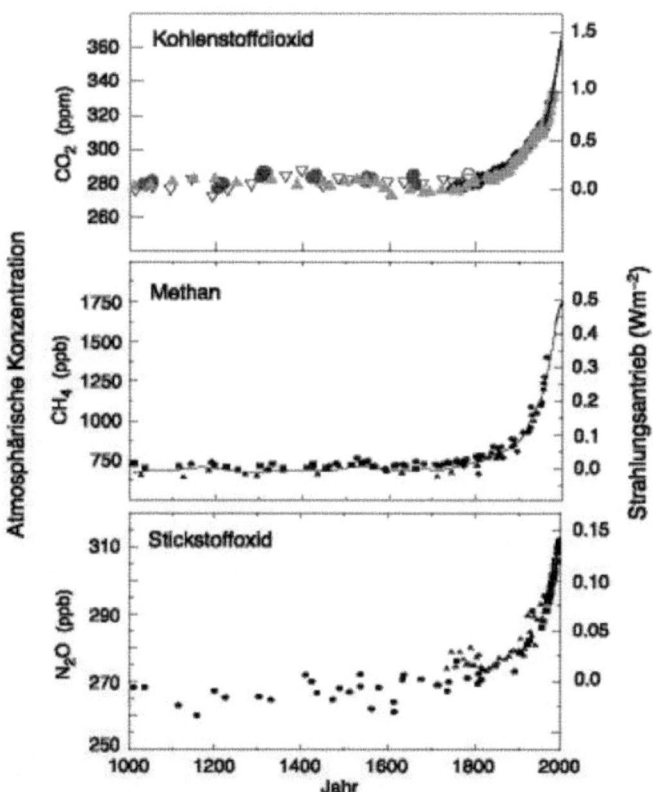

Abbildung 1-2: Indikatoren für den menschlichen Einfluss auf die Atmosphäre (vgl. [Ipc01-02])

Die IPCC kam aufgrund der Untersuchung der Herkunft unter anderem im Bericht 2001 weiters zu folgendem Ergebnis: „Ungefähr drei Viertel der anthropogenen Emissionen von CO_2 in die Atmosphäre während der letzten 20 Jahre sind auf die Verbrennung fossiler Brennstoffe zurückzuführen. Der Rest stammt hauptsächlich von Landnutzungsänderungen, insbesondere Entwaldung." [Ipc01-04].

Ein weiterer Bericht der IPCC zur aktuellen Lage wird in etwa im Sommer 2007 erwartet.

2. DER TREIBHAUSEFFEKT

In diesem Kapitel werden die theoretischen Grundlagen des Treibhauseffekts sowie die Untersuchung bezüglich Verursachung und Verhinderung behandelt.

2.1 Grundlagen

Um den Treibhauseffekt nun aus einer detaillierten, objektiven Wahrnehmung prüfen zu können, werden zunächst die Grundlagen vorgestellt, danach wird der globale Blickwinkel diskutiert.

2.1.1 der Treibhauseffekt aus technischer Sicht

Der Treibhauseffekt wird auch als globaler Glasshauseffekt bezeichnet, da sich das Prinzip eines Glasshauses zur gärtnerischen Nutzung mit der Erdatmosphäre vergleichen lässt. In beiden Fällen führt die Sonneneinstrahlung dazu, dass Wärme innerhalb des „Glashauses" generiert wird.

Hierbei wird fälschlicherweise meist von der Tatsache ausgegangen, dass die Strahlung der Sonne innerhalb des Systems von der Außenhülle reflektiert wird und somit die Wärme im System erzeugt. In der Praxis jedoch besitzen die Auswirkungen der Reflektion einen vernachlässigbar kleinen Einfluss auf den Treibhauseffekt. Dieser wird zum größten Teil durch die Absorptionsfähigkeit und Durchlässigkeit, im Bezug auf Strahlung, der im System befindlichen Materie (im speziellen der Erdoberfläche und der Treibhausgase - bzw. Glasscheiben beim Glashaus) verursacht. Die Reflektion der Außenhülle ist im Bereich der Strahlungswellenlängen, die für den Wärmetransport zuständig sind nämlich nicht relevant, da Glas bzw. Treibhausgase in diesem Wellenlängenbereich annähernd wie schwarze Körper[2] wirken.

Im Gegensatz zur kurzwelligen Infrarotstrahlung, die für das sichtbare Licht verantwortlich ist, wird die für die Wärme verantwortliche Strahlung als langwelliges Infrarot oder auch Ferninfrarot bezeichnet. Die Erwärmung hängt somit direkt von der Absorptionsfähigkeit des Gasgemisches der Atmosphäre für langwelliges Infrarot ab.

In der Erdatmosphäre wurde schon immer durch natürlich vorhandenes Wasserdampf, Methan und Kohlendioxid die Klimaentwicklung der Erde beeinflusst. In der Gashülle, die die Erde umgibt sind die wesentlichen Stoffe, die langwelliges Infrarot emittieren und absorbieren, enthalten.

In der Abbildung 2-1 ist der oben beschriebene Prozess dargestellt. Die einfallende Sonneneinstrahlung, in der gemittelten Stärke von 240W/m², gekennzeichnet als breiter gelber Pfeil, wird zu einem Teil von (103 W/m²) von der Erde und ihrer Atmosphäre in den Weltraum reflektiert. Die restliche Einstrahlungsenergie (168W/m²) wird von der Erdmasse absorbiert und wärmt die Erdoberfläche, gekennzeichnet durch den orangenfarbenen Pfeil entlang der Erdoberfläche. Die gespeicherte Wärmeenergie wird nun in Form von langwelligem Infrarot in Richtung Weltraum angestrahlt (kleinere orangenfarbene, nach oben zeigende Pfeile). Ein Teil dieser Strahlung wird von den Treibhausgasen absorbiert und wieder emittiert (kleinere orangenfarbene, nach unten zeigende Pfeile). Diese Strahlung wird nun in einem Kreislauf wieder von der Erde aufgenommen und abgestrahlt.

---

[2] Ein Schwarzer Körper ist ein idealisiertes Modell eines Körpers, der die auf ihn auftreffende Strahlung vollständig absorbiert und somit nicht reflektiert.

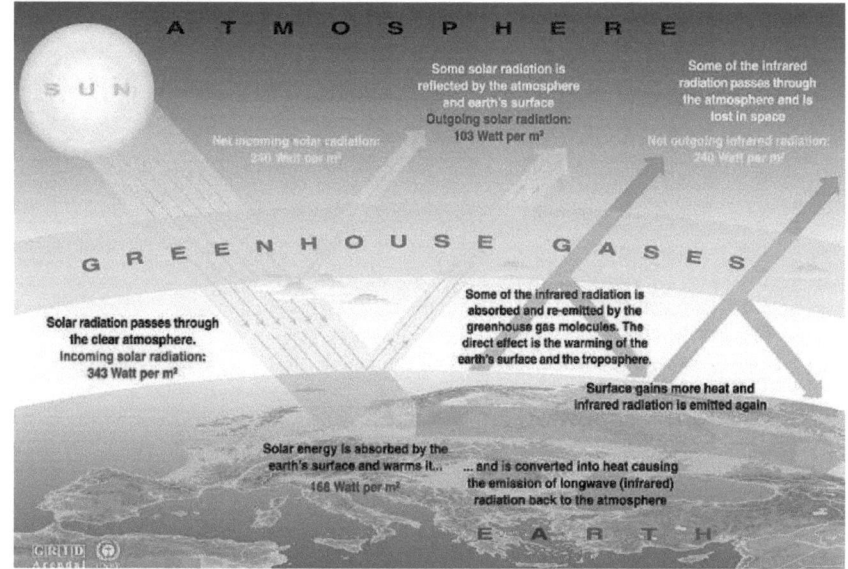

Abbildung 2-1: Strahlungsgleichgewicht der Erdatmosphäre (vgl. [unfcc06])

Durch den wiederholten Prozess der Erwärmung der Erdoberfläche und der Emission der langwelligen Infrarotstrahlung wird die globale Erwärmung erzeugt:

- Die Erdoberfläche speichert die Strahlungsenergie der Sonne und emittiert diese in Form von langwelligem Infrarot.
- Die in der Atmosphäre enthaltenen Treibhausgase nehmen die Energie des Infrarots auf molekularer Ebene[3] auf. Durch Zusammenstoß von Molekülen wird die Temperatur der Gase zusätzlich erhöht, bis ein Energieniveau erreicht wird, bei dem die Gasmoleküle keine weitere Energie aufnehmen können.
- Die Gase geben die Energie durch Dissipation[4] an die Erdoberfläche und den Weltraum ab.

Durch die wiederholten Schritte des Vorgangs pendelt sich die Erdoberflächentemperatur ein, wenn die emittierte und absorbierte Energie im Gleichgewicht stehen. Dabei ist festzustellen: umso höher die Konzentration an Treibhausgasen umso stärker ist der Effekt der Absorption.

---

[3] Infrarotstrahlung ist eine elektromagnetische Strahlung im Spektralbereich, die Moleküle in ein höheres energetisches Potential bringt, indem das Molekül zu Schwingung und Rotation angeregt wird.
[4] Dissipation ist die Umwandlung von Energie in Wärmestrahlung eines Systems das stetig Energie abgibt.

Als wesentliche (bezogen auf die mengenhäufigste Produktion) Treibhausgase gelten in diesem Sinne nachfolgende Moleküle (ohne Reihung in Bezug auf die Absorptionsfähigkeit):

- CO_2 Kohlenstoffdioxid
- CH_4 Methan
- N_2O Lachgas

Weitere Treibhausgase sind:

- C Kohlenstoff
- CF_4 Perflormethan
- C_2F_6 Perflorethan
- C_3F_8 Perflorpropan
- C_4F_{10} Perflorbutan
- c-C_4F_8 Perflorzyklobutan
- C_5F_{12} Perflorpentan
- C_6F_{14} Perflorhexan
- HFC_x Wasserstoffhydrogencarbonate
- PFC_x Perflorcarbonate
- SF_6 Schwefelhexaflourid

(vgl. [unfcc06])

2.1.2 der Kohlenstoffkreislauf der Erde

Der Kohlenstoffkreislauf des Ökosystems der Erde stellt einen wesentlichen Teil des Prozesses dar, der direkten Einfluss auf den Treibhauseffekt hat. Durch die Produktion von kohlenstoffhaltigen Gasen wie unter 2.1.1 ersichtlich, wird das Ungleichgewicht dieses Kreislaufes gestört, womit ein Überschuss an menschlich erzeugten Treibhausgasen entsteht.

Betrachtet man den Prozess anhand der Abbildung 2-2, erkennt man den Einfluss des Menschen auf den Prozess. Die Darstellung zeigt die einzelnen Kapazitäten für die Verarbeitung, Speicherung und Erzeugung von Kohlenstoff sowie Austauschvolumen der einzelnen Stationen im natürlichen Kreislauf.

Durch die grauen Pfeile ist der Transport von kohlenstoffhältigen Gasen dargestellt. Die eingetragenen Zahlen stehen jeweils für die Menge in Millionen Tonnen kohlenstoffhaltigen Gasen pro Jahr, die transportiert werden bzw. gespeichert sind. Ausschließlich als Speicher sind die Atmosphäre, Schmutz und organische Faktoren, Kohle- und Ölvorräte dargestellt. Speicher und gleichzeitig Verarbeitung erfolgt durch das Oberflächen-, Tiefseewasser, gelöste organische Stoffe im Wasser (nur Bindung von Kohlenstoffen), Meeresorganismen, agrikulturheller Landnutzungsänderung und terrestrischer Vegetation. Durch Verbrennung von fossilen Brennstoffen wird ausschließlich eine Produktion von Treibhausgasen erreicht.

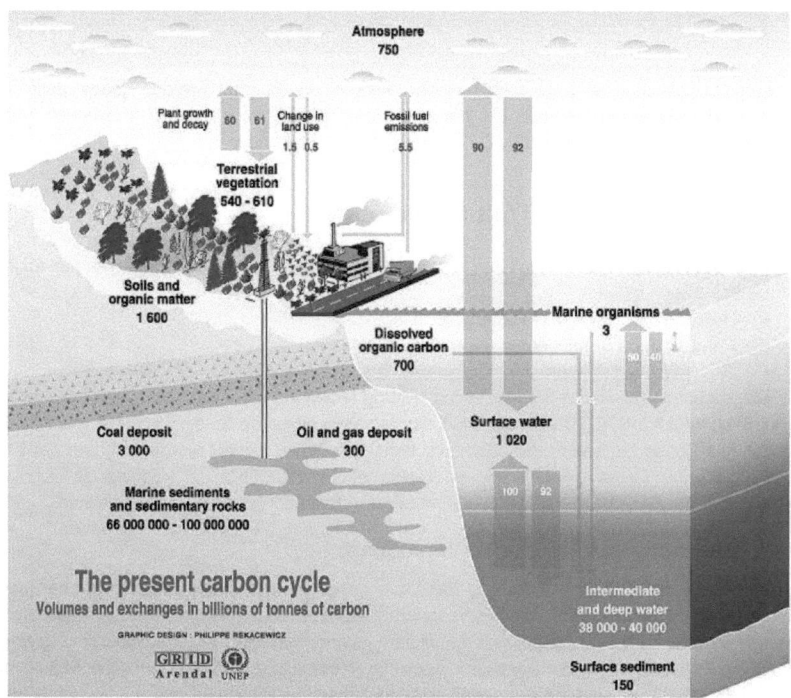

Abbildung 2-2: Der Kohlenstoffkreislauf der Erde (vgl. [unfcc06])

Die einzelnen Stationen des Kohlenstoffkreislaufes im Detail (von links oben nach rechts unten in der Grafik):

- terrestrische Vegetation: durch Sonneneinstrahlung und Photosynthese wird aus Kohlendioxid Sauerstoff hergestellt, bei der Fermentation und Verrottung von Pflanzen entsteht Kohlendioxid. Pflanzen sind ebenso Speicher für Kohlenstoff, da diese in der Biomasse gebunden werden.
- Landnutzungsänderung: durch die Änderung der Landnutzung, z.B. durch die Begrünung von kargen Flächen oder Rodung von Grünflächen entsteht in Summe ein Kohlendioxid-Überschuss.
- Verbrennung von Fossilen Brennstoffen: umfasst die vom Verehr, der Energieerzeugung und der Industrie erzeugten Emissionen.
- Die Atmosphäre: dient als Kohlenstoffspeicher. Die in der Atmosphäre enthaltenen Kohlenstoffe werden vor allem durch die Emissionsüberschüsse beeinflusst.
- Wasser: das Meer stellt einen großen Speicher und Transporter von Kohlenstoff dar. Der durch Oberflächenwasser und Tiefwasser verbrauchten Kohlenstoffe wird durch die Produktion von Sauerstoff gedeckt. In Summe wird weniger Kohlenstoff produziert, als benötigt wird.
- Speicher: Die Gestein- und Sedimentschichten der Erde stellen den größten Speicher für Kohlenstoff bereit. Neben den großen Kohlevorkommen sind zurzeit noch Erdöl- und Erdgasvorkommen bekannt.

Die Grafik verdeutlicht, dass die einseitigen Faktoren Produktion (durch anthropogene Erzeugung) und Speicher (hauptsächlich Atmosphäre und Energieträger Kohle, Erdöl) das System in ein schweres Ungleichgewicht gebracht werden könnte. In Summe werden jedes Jahr mehr kohlenstoffhältige Gase erzeugt, als durch diesen Prozess in Sauerstoff verwandelt werden können.

2.2 Verursacher des Treibhauseffekts

In Folgenden werden die Verursacher des Treibhauseffekts untersucht. Dabei werden folgende Punkte berücksichtigt:

- Herkunft nach Art der Treibhausgase
- Herkunft nach Bereichen
- Geografische Herkunft

Die Diagramme in Abbildung 2-3, Abbildung 2-4 und Abbildung 2-5 stellen eine Zusammenfassung eines Berichts der UNFCCC vom Juli 2005 dar. In dieser aktuellen Studie wird über die Verteilung der Treibhausgase der weltweiten Mitglieder berichtet. Dieser Bericht wurde aufgrund der hohen Authentizität der Daten gewählt um ein reales Bild wiedergeben zu können, da sehr viele unterschiedliche Berichte von den facheinschlägigen Informationsquellen vorhanden sind.

2.2.1 Herkunft nach Art der Treibhausgase

In der Abbildung 2-3 ist die Verteilung der Treibhausgase nach chemischer Zusammensetzung ersichtlich. Die Grafik zeigt die unterschiedlichen Treibhausgasanteile nach Art der Gase. Auf der vertikalen Achse ist der prozentmäßige Anteil der gesamt emittierten Treibhausgasen aufgetragen. Die Balken kennzeichnen die jeweiligen Arten der Treibhausgase. Die chemische Bezeichnung sowie der exakte Wert sind vor jedem Balken festgehalten.

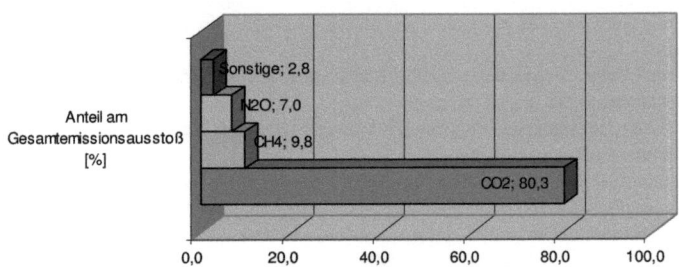

Abbildung 2-3: Verunreinigung nach Art der Treibhausgase (vgl. [unfcc06])

Diese Aufteilung zeigt, dass der Kohlenstoffdioxidausstoß der am häufigsten vorkommende auf der Erde ist.

2.2.2 Herkunft nach Bereichen

Abbildung 2-4 zeigt die Herkunft der Treibhausgase nach Bereichen der Gesellschaft. Wie in Abbildung 2-3 ist der prozentuelle Anteil an gesamt produzierten Treibhausgasen auf der horizontalen Achse ersichtlich. Die Bereiche aus denen der jeweilige Anteil stammt, sind vor dem Balken mit dem jeweils zugehörigen Wert beschriftet.

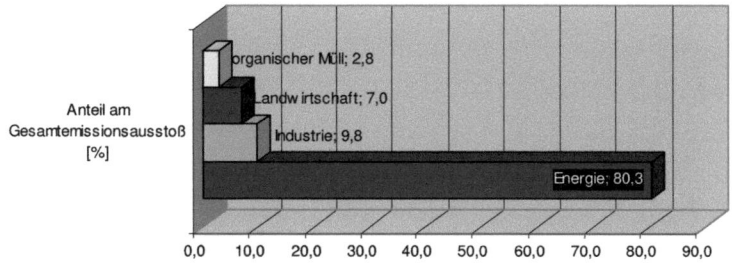

Abbildung 2-4: Verteilung der Emissionen nach Bereichen (vgl. [unfcc06])

Die Grafik zeigt, dass der meiste anthropogene Schadstoff für die Energieerzeugung erzeugt wird.

2.2.3 Geografische Herkunft

Die geografische Herkunft lässt sich am besten in zwei Bereiche unterteilen:

• Die mengenmäßige Verteilung von erzeugten Treibhausgasen
• Die mengenmäßige Produktion von Treibhausgasen je Einwohner

Diese Unterteilung ist sinnvoll, da nicht nur auf die generelle globale Herkunft Rückschlüsse gezogen werden können, sondern auch Potentiale ersichtlich werden, in welchen Gebieten der Erde pro Kopf erhebliche bzw. geringe Mengen an Treibhausgase produziert werden.

Die mengenmäßige Verteilung in Milliarden Gramm wurde von der UNFCC in der Abbildung 2-5 ausgewertet. Im Einzelnen werden die Länder (auf der horizontalen Achse aufgetragen) national über ein Basisreferenzjahr (d.i. 2001) verglichen und die aktuellen Werte (Skalierung auf der vertikalen Achse) in der Form von blauen Balken dargestellt.

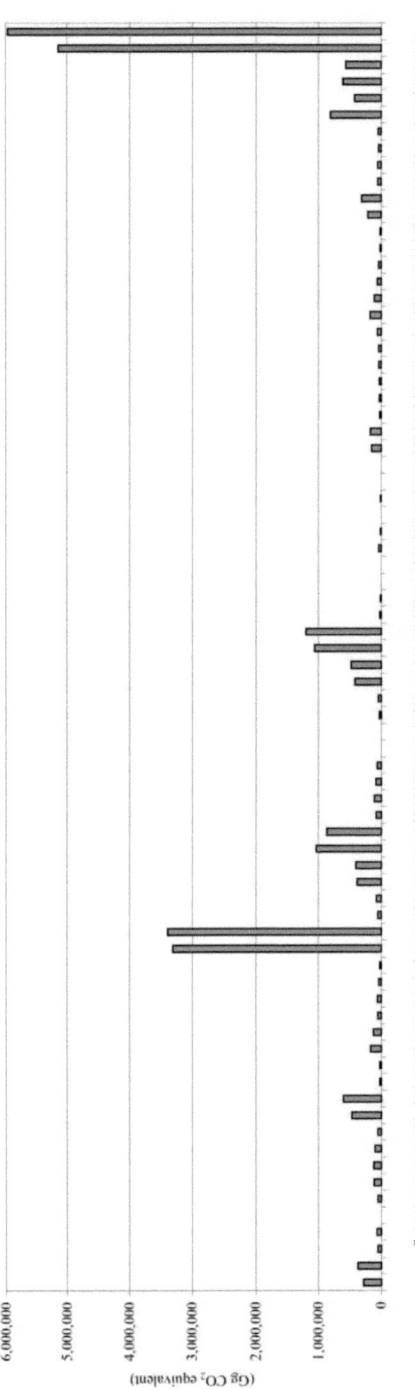

Abbildung 2-5: Geografische Verteilung der Emissionsproduktion (vgl. [unfccc06])

13

Die mengenmäßige Produktion von Treibhausgas CO_2 je zeigt Abbildung 2-6. Die rot gekennzeichneten Balken zeigen Werte die oberhalb des Weltmittels (grün gekennzeichnet) liegen, die türkis gekennzeichneten diejenigen Werte die unterhalb dieses Mittelwerts liegen.

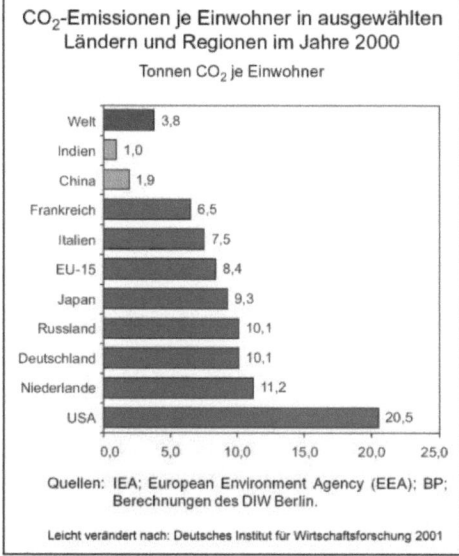

Abbildung 2-6: CO_2-Emissionen pro Kopf (vgl. [DIW06])

Zusammenfassend lässt sich aufgrund der vorliegenden statistischen Werte sagen, dass etwa zwei Drittel der gesamten Treibhausgasemissionen in dem europäischen und Nordamerikanischen Raum lokalisierbar sind. In Asien entsteht in etwa ein fünftel der gesamt produzierten Treibhausemissionen. Der pro Kopf Verbrauch ist mit Abstand in den USA am höchsten. Der Ausstoß an Treibhausgasen pro Kopf beträgt hier fast doppelt so viel wie in jedem anderen Land der Erde. Generell ist in industrialisierten Staaten der pro Kopf Verbrauch höher als in Entwicklungsländern, was auf den Lebensstandard (erhöhter Energiebedarf) zurückzuführen ist.

2.3 Lösungsansätze

Seit die Problematik des globalen Klimawandels bekannt ist, gibt es eine Vielzahl von Ideen für eine Verminderung des Glashauseffekts. In weiteren folgen die zurzeit wesentlichen, effektivsten Ideen, die ohne erheblichen wirtschaftlichen oder technischen Aufwand durchführbar sind. Es wird im Speziellen das Thema Energie behandelt, da durch diesen Sektor ca. 80% der Treibhausgasemissionen entstehen (siehe 2.2.2).

2.3.1 Alternative Energiequellen

Einer der populärsten und auch am längsten bekannte Lösungsansatz ist in der alternativen Energieerzeugung enthalten. Dieser Lösungsansatz beschreibt die Nutzung von unterschiedlichsten alternativen Quellen zur Energieerzeugung im Gegensatz zur Verbrennung von fossilen Treibstoffen, Erdgasen und Kohle.

Bei kurzfristiger Sichtweise ist es am besten Energieformen zu nutzen, die bereits bestehen und als solche verwendet werden bzw. wo bereits eine vorhandene Infrastruktur und Märkte bestehen. Dazu zählen im Wesentlichen folgende Energieressourcen:

- Atomkraft
- Wasserkraft
- Windenergie
- Sonnenkraft
- regenerative Ökotreibstoffe (Ethanol, Pflanzenöl)
- Wasserstoff

Dabei handelt es sich bei den Energieformen, ausgenommen die regenerativen Treibstoffe, um Energiequellen, die praktisch vernachlässigbar kleine Mengen an Treibhausgasen bewirken. Durch die Nutzung von regenerativen Treibstoffen entsteht hingegen eine positive Emissionsbilanz. Die Treibhausgase, die durch den Verbrauch dieser Stoffe emittiert werden, können vom Umweltkreislauf zu Sauerstoff verarbeitet werden. Diese Pflanzen werden wiederum zur Produktion der Treibstoffe verwendet. In Summe wird so mehr Sauerstoff produziert, als Treibhausgase entstehen.

Bei den anderen Energieformen ist zu beachten, dass zwar die Treibhausgasemissionen fast gleich null sind, jedoch andere Wechselwirkungen zur Umwelt bestehen. So wird z.B. bei Atomkraftwerken Plutonium produziert, dass nicht wieder verwertbar und schädlich für den menschlichen Organismus ist. Weiters werden durch Wasserkraftwerke komplette Teile von Ökosystemen zerstört, wodurch sich bedeutende Änderungen im Umweltkreislauf ergeben.

Weiters stellt sich die Frage welche Quelle ausreichend Potential besitzt, die Anforderungen an die immer weiter steigende Energieaufnahme der Menschen abdecken zu können.

2.3.2 Reduzierung des Energieverbrauchs

Ein weiterer Ansatz zur Verminderung des Energiebedarfs und somit der Treibhausgasemissionen ist die Reduktion des weltweiten Netto-Energiebedarfs durch folgende Maßnahmen:

- Erhöhung der Wirkungsgrade für die Hauptenergieabnehmer:
- Entfernung der Standby - Funktion bei Energieverbrauchern
- Thermische Sanierung von Gebäuden und Förderung des Niedrigenergiebaus
- Dezentrale Energieerzeugung für Kleinverbraucher durch alternative Energieformen

2.3.3 Treibhausgasspeicherung - Sequestrierung

Unter Speicherung von Treibhausgasen versteht man chemische, physikalische und biologische Verfahren, mit denen Treibhausgase aus Abgasen diverser Erzeuger bei Verbrennung von fossilen Treibstoffen abgetrennt und danach eingelagert werden. Dieser Prozess ist auch als Sequestrierung bekannt.

Sequestrierung ist somit eine dauerhafte Einlagerung von Treibhausgasen in Speichern. Als Speicher werden vorwiegend geologische Massen wie z.B. Lagerstätten für fossile Brennstoffe aber auch die Tiefsee (siehe Abbildung 2-2). Die Abtrennung der klimaerwärmenden Emissionen kann mit komplexen Verfahren realisiert werden (z.B. CO2-Wäsche aus Rauchgas).

2.3.4 Sanktionierung bei Emissionsüberschüssen

Im Jahr 1997 wurde im Rahmen der Klimaschutzkonvention der UNFCCC der UN ein Protokoll mit dem Namen Kyoto, das bis Februar 2005 von insgesamt 141 Nationen unterzeichnet wurde, erstellt. In diesem Protokoll verpflichten sich die Mitglieder den Ausstoß von Treibhausgasen bis 2012 um bis zu 12% zum Stand von 1990 zu senken. Werden die Ziele nicht erreicht, müssen Strafzölle gezahlt werden. Ein Emissionshandel zwischen den einzelnen Staaten wird von der UNFCCC gestattet. Emissionshandel wird zwischen den Mitgliedsländern vollzogen, es werden hier Guthaben von Treibhausgasemissionen angeschafft bzw. veräußert.

2.4 Ergebnis - Zusammenfassung

Zusammenfassend lassen sich folgende Feststellungen machen:

*   Der Treibhauseffekt und die damit verbundene Klimaänderung ist eindeutig auf anthropogenen Ursprung rückführbar. Durch die Emission von Treibhausgasen wird der Prozess des so genannten Glashauseffekts gefördert, die steigenden Energiebedürfnisse der Gesellschaft führen zu einem exponentiellen Anstieg der Treibhausgasemissionen. Der natürliche Kohlenstoffkreislauf der Erde weist somit einen Überschuss an treibhausfördernden Gasen auf, welche zu einem entsprechenden Anstieg der Erdoberflächentemperatur führt. Eine Änderung der Temperatur führt zu einem Ungleichgewicht des Klimas, welche den Umweltkreislauf kippen.
*   Die Verursachung der erhöhten Treibhausgasemission resultiert hauptsächlich aus dem hohen Energiebedarf zur Realisierung der Technologisierung und dem Wohlstand in den westlichen, industrialisierten Kontinenten Europa und Nordamerika. Der pro Kopf erzeugte Aufwand an Treibhausgasen liegt in diesen Kontinenten am höchsten.
    Zu bedenken ist hierbei, dass aufstrebende Länder wie China einen enormen Einfluss auf die Verursachung haben. In solchen Ländern wird voraussichtlich der pro Kopf Wert an erzeugten Emissionen stetig ansteigen und die Erderwärmung somit in einem unaufhaltsamen Tempo vorantreiben.
    Die Industrie hat darauf folgend die nächst größte Einflussnahme auf das globale Klima.
*   Aus der aktuellen Situation sind effektive Lösungsansätze erforderlich. Hierbei steht eine Vielzahl an Lösungsmethoden zur Verfügung. Mithilfe von bereits bestehenden Systemen und Infrastrukturen können Synergien genutzt werden um kurzfristig auf die negativen Einflüsse des Treibhauseffekts reagieren zu können. Ein Gegenlenken ist weiters durch ein anderes Energiebewusstsein möglich. Durch Reduzierung des Energieaufwandes auf der Verbraucherseite wird eine Hebelwirkung auf die Verwendung von andersförmigen Energiequellen erzeugt. Als weitere kurzfristige Lösungen stehen Strafen auf erhöhte Treibhausemissionen sowie die Sequestrierung von Treibhausgasen in bereits bestehenden Prozessen zur Verfügung. Zu den Sanktionsmaßnahmen ist folgender Punkt zu berücksichtigen: Einzelne Nationen haben zwar das Kyoto - Protokoll unterschrieben, jedoch bis heute nicht ratifiziert, daher sind auch diese Maßnahmen nicht flächendeckend wirksam.

3. SCHLUSSFOLGERUNGEN

Im Schlussteil wird auf die vorhergehenden Kapitel im Bezug auf Interpretation der Ergebnisse zur Erwartung eingegangen.

3.1 Gegenüberstellung Erwartung/Ergebnis

Die Gegenüberstellung von Erwartungen und Ergebnissen dieser Arbeit lässt sich mit nachstehenden Kurzbeschreibungen sammeln:

- Ursachen:
  Erwartet war eine Konzentration der Treibhausemissionen im nordamerikanischen und asiatischen Raum. Die Erwartungen bezüglich der Verursachung wurden im Bezug auf die Fabrikation der Emissionsgase in Nordamerika erfüllt. Es hat sich jedoch herausgestellt, dass die Einflussnahme von Europa allerdings in den Annahmen nicht berücksichtigt wurde. Der asiatische Raum liegt diesbezüglich auch deutlich unter den Erwartungen, wobei das Potential, aufgrund der hohen Bevölkerungszahl bestätigt wurde.

- Lösungsmöglichkeiten:
  Es gibt zahlreiche Lösungsmöglichkeiten und Systeme zur Verhinderung des Klimawandels in einen nicht reversierbaren Zustand des Ungleichgewichts. Die effektivste Möglichkeit einen hinreichend ausgewogenen Zustand zu erreichen ist nach an den größten Quellen der Ausbreitung von Treibhausgasen zu finden. Diese Quellen sind kurzfristig mit einer ausgewogenen Kombination von bereits funktionierenden Methoden der alternativen Energieproduktion, -einsparung und der Konservierung zu bekämpfen. Auf langfristige Sicht müssen Umweltneutrale (Prozesse, die die Umwelt, in welcher Art auch immer, nicht angreifen) Systeme forciert weiterentwickelt werden.

3.2 Ausblick

Die direkten und indirekten Folgen des Treibhauseffekts wurden wie folgt von der IPCC bewertet (vgl. [Ipc01-01]):

- Die Untersuchung des täglichen Temperaturschwankungsbereichs zeigt, dass Zunahmen nächtlicher Minimum- zu täglichen Maximal-Temperaturen im Zeitraum von 1950 bis 2000 verdoppelt wurden. Die Temperaturextreme führen unter anderem zu Ernteausfällen, Wetterumbrüchen und besseren Voraussetzungen zur Entstehung von Naturextremen (wie z.B. Tornados, Stürme, usw.).
- Die Erhöhung der Zahl von Hitzetage und Abnahme der Frost-/Kältetage in Jahresmittel. Die Häufigkeit und Intensität von Dürren wird in den ersten Jahrzehnten des 21. Jahrhunderts stark ansteigen.
- Erhöhung der Niederschläge um 5-10% trotz Abnahme in bereits trockenen Regionen.
- Anstieg des Meeresspiegels um ca. 1 bis 2 mm Weltweit jedes Jahr ab dem Jahr 2000. Dies ist zurückzuführen auf die Schmelze der polaren Eiskappen der Erde, verursacht durch die erhöhte Erdmitteltemperatur. Der Rückgang der polaren Eisschichtdicken wird in etwa bis Ende des 21. Jahrhunderts 40% betragen. Schnee und Eisbedeckung wird weltweit dramatisch zurückgehen.

- Die Vegetation wird sich im nächsten Jahrhundert massiv in Richtung der Polarkappen verschieben. Eine Neuordnung der Klimazonen durch Verschiebung erfolgt. Die Blüte- und Brutzeit von Flora und Fauna verschieben sich massiv. Dies hat das Aussterben von verschiedenen Pflanzen- und Tierarten zufolge.

Die Trägheit des Umweltsystems ist ein nicht zu vernachlässigender Faktor der in die zukünftigen Überlegungen zur Reduktion der Emissionen miteinbezogen werden muss. Die verschiedenen Kreislaufsysteme unserer Umwelt, so auch der Kohlenstoffkreislauf (siehe 2.1.2), sind Systeme die sich nur sehr langsam an schnelle Äderungen der Einflussfaktoren einstellen können. Diese Systeme sind sehr träge und neigen dazu zu kippen, d.h. durch eine sprunghafte Änderung einer Eingangsgröße in das System werden die Auswirkungen extrem Verstärkt und sind nur schwer zu neutralisieren. Verstärkend zu dieser Trägheit ist, dass Treibhausgase verweilende Gase sind, die erst nach Jahrzehnten in der Atmosphäre verarbeitet werden bzw. chemisch umgewandelt werden.

Zur Verdeutlichung der Trägheit ist nachfolgend die Abbildung 3-1 vorhanden, durch die ersichtlich wird, dass bei sofortiger Reduktion der Treibhausgase auf ein Niveau, vergleichbar mit dem Zustand vor dem 20. jahrhundert, ein Gleichgewicht der Atmosphäre erst darauf folgenden Jahrhunderten stabilisiert wird.

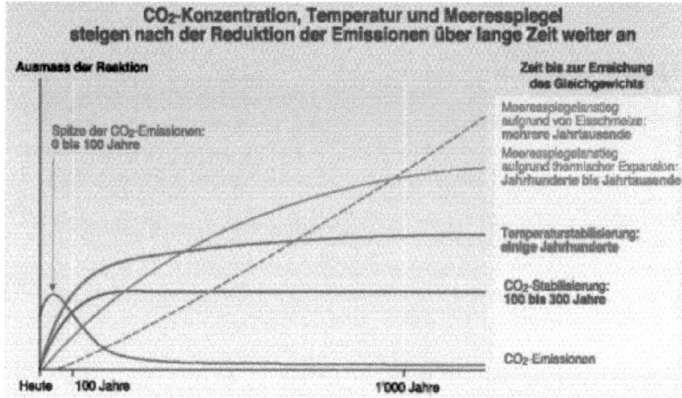

Abbildung 3-1: Zusammenhang CO2-Konzentration, Temperatur und Meeresspiegel (vgl. [Ipc01-03])

In der Abbildung 3-1 ist die CO_2-Konzentration, die Temperatur sowie der Meeresspiegel aufgrund anthropogener Einflüsse von 2005 bis ca. 3500 danach aufgetragen. Die grüne Kurve Zeigt den theoretischen Verlauf der CO_2-Emissionen bei Reduktion dessen Produktion. Die magentafarbene Kurve bezeichnet die theoretische Stabilisierung des CO_2-Gehalts, die rote Linie die Stabilisierung der Temperatur in der Atmosphäre.

Die hellblauen Kurven zeigen die theoretische Erhöhung des Meeresspiegelniveaus. Die unterbrochen gezeichnete Gerade stellt hierbei den Meeresspiegelanstieg aufgrund der Schmelze der Eisvorräte der Polarkappen der Erde, die durchgezogene Linie den Anstieg durch die Erhöhung der Erdtemperatur an.

In dem Bericht der IPCC von 2001 wird behauptet: „Die Verbreitung von Trägheit und die Möglichkeit der Irreversibilität in den interagierenden Klima-, Öko- und Gesellschaftssystemen sind wichtige Gründe, warum vorausschauende Anpassungen und Verminderungsmassnahmen nützlich sind. Eine Anzahl von Möglichkeiten zur Anwendung von Anpassungs- und Verminderungsoptionen können verloren gehen, wenn die Ausführung verschoben wird." [Ipc01-04].

Anhang/Ergänzende Informationen

ABBILDUNGSVERZEICHNIS

ABKÜRZUNGEN

IPCC	Intergovernmental Panel on Climate Change
UNEP	United Nations Environment Program
WMO	World Meteorological Organisation
UN	United Nations
NASA	National Aeronautics and Space Administration
ppm	part per million
ppb	part per billion
Gg	Giga grams
UNFCCC	United Nations Framework Convention on Climate Change

LITERATURVERZEICHNIS

Bücher

[Lat03]   Prof. Dr. Mojib Latif. Hitzerekorde und Jahrhundertflut – Herausforderung Klimawandel (Seite 13). München: Heyne, 2003

Publikationen

[lpc01-01]   The Intergovernmental Panel on Climate Change - IPCC
                KLIMAÄNDERUNG 2001: WISSENSCHAFTLICHE GRUNDLAGEN
                Ein Bericht der Arbeitsgruppe I des Zwischenstaatlichen
                Ausschusses für Klimaänderung
                Seite 45

[lpc01-02]   The Intergovernmental Panel on Climate Change - IPCC
                KLIMAÄNDERUNG 2001: WISSENSCHAFTLICHE GRUNDLAGEN
                Ein Bericht der Arbeitsgruppe I des Zwischenstaatlichen
                Ausschusses für Klimaänderung
                Seite 48

[lpc01-03]   The Intergovernmental Panel on Climate Change - IPCC
              KLIMAÄNDERUNG 2001: SYNTHESEBERICHT
              Ein Bericht des Ausschusses für Klimaänderung
              Seite 20

[lpc01-04]   The Intergovernmental Panel on Climate Change - IPCC
              KLIMAÄNDERUNG 2001: WISSENSCHAFTLICHE GRUNDLAGEN
              Ein Bericht der Arbeitsgruppe I des Zwischenstaatlichen
              Ausschusses für Klimaänderung
              Seite 22 und 49

Internet

[WIK06]   Wikipedia: Online   im   Internet: http://de.wikipedia.org/wiki/Hauptseite
              (Stand 10.10.2006)

[IPCC06]   The Intergovernmental Panel on Climate Change - IPCC
              Online im Internet: http://www.ipcc.ch/
              (Stand 15.10.2006)

[unfcc06]   United Nations Framework Convention on Climate Change – UNFCCC. Online im
              Internet: http://unfccc.int/
              (Stand 15.10.2006)

[DIW06]   DIW Berlin – Deutsches Institut für Wirtschaftsforschung. Online im Internet:
              http://www.diw.de/deutsch/
              (Stand 20.10.2006)